This Book Belongs To

_____

© COPYRIGHT 2021 - ALL RIGHTS RESERVED.

You may not reproduce, duplicate or send the contents of this book without direct written permission from the author. You cannot hereby despite any circumstance blame the publisher or hold him or her to legal responsibility for any reparation, compensations, or monetary forfeiture owing to the information included herein, either in a direct or an indirect way.

Legal Notice: This book has copyright protection. You can use the book for personal purpose. You should not sell, use, alter, distribute, quote, take excerpts or paraphrase in part or whole the material contained in this book without obtaining the permission of the author first.

Disclaimer Notice: You must take note that the information in this document is for casual reading and entertainment purposes only.

We have made every attempt to provide accurate, up to date and reliable information. We do not express or imply guarantees of any kind. The persons who read admit that the writer is not occupied in giving legal, financial, medical or other advice. We put this book content by sourcing various places.

Please consult a licensed professional before you try any techniques shown in this book. By going through this document, the book lover comes to an agreement that under no situation is the author accountable for any forfeiture, direct or indirect, which they may incur because of the use of material contained in this document, including, but not limited to, errors, omissions, or inaccuracies.

ADDITION PRACTICE
0 - 50 Values

1) 32 + 14 = ____
2) 5 + 9 = ____
3) 8 + 38 = ____

4) 1 + 35 = ____
5) 6 + 37 = ____
6) 7 + 10 = ____

7) 24 + 12 = ____
8) 4 + 33 = ____
9) 12 + 9 = ____

10) 27 + 5 = ____
11) 2 + 40 = ____
12) 17 + 13 = ____

13) 12 + 31 = ____
14) 5 + 20 = ____
15) 19 + 18 = ____

16) 15 + 31 = ____
17) 28 + 14 = ____
18) 29 + 2 = ____

19) 38 + 10 = ____
20) 18 + 14 = ____
21) 21 + 13 = ____

22) 1 + 50 = ____
23) 49 + 1 = ____
24) 4 + 37 = ____

25) 6 + 23 = ____
26) 33 + 11 = ____
27) 6 + 23 = ____

28) 10 + 3 = ____
29) 15 + 24 = ____
30) 0 + 49 = ____

ADDITION PRACTICE

1) 35 + 15 = ____
2) 1 + 35 = ____
3) 3 + 16 = ____

4) 22 + 8 = ____
5) 2 + 46 = ____
6) 6 + 41 = ____

7) 20 + 1 = ____
8) 12 + 16 = ____
9) 4 + 28 = ____

10) 33 + 15 = ____
11) 40 + 4 = ____
12) 13 + 16 = ____

13) 37 + 8 = ____
14) 18 + 3 = ____
15) 9 + 2 = ____

16) 2 + 48 = ____
17) 11 + 32 = ____
18) 34 + 4 = ____

19) 30 + 15 = ____
20) 3 + 39 = ____
21) 23 + 15 = ____

22) 2 + 16 = ____
23) 38 + 3 = ____
24) 4 + 38 = ____

25) 1 + 50 = ____
26) 17 + 1 = ____
27) 5 + 37 = ____

28) 25 + 4 = ____
29) 2 + 47 = ____
30) 31 + 13 = ____

ADDITION PRACTICE

1) 4 + 27 = ____
2) 9 + 23 = ____
3) 11 + 22 = ____

4) 29 + 1 = ____
5) 46 + 3 = ____
6) 29 + 15 = ____

7) 50 + 0 = ____
8) 23 + 25 = ____
9) 50 + 0 = ____

10) 47 + 1 = ____
11) 7 + 40 = ____
12) 7 + 31 = ____

13) 21 + 29 = ____
14) 30 + 19 = ____
15) 27 + 23 = ____

16) 10 + 9 = ____
17) 8 + 34 = ____
18) 1 + 44 = ____

19) 11 + 36 = ____
20) 11 + 32 = ____
21) 1 + 49 = ____

22) 41 + 5 = ____
23) 13 + 6 = ____
24) 34 + 4 = ____

25) 42 + 6 = ____
26) 10 + 37 = ____
27) 24 + 14 = ____

28) 40 + 3 = ____
29) 19 + 11 = ____
30) 27 + 11 = ____

ADDITION PRACTICE

1) 37 + 4 = ____

2) 2 + 27 = ____

3) 0 + 49 = ____

4) 23 + 10 = ____

5) 12 + 22 = ____

6) 26 + 5 = ____

7) 3 + 46 = ____

8) 1 + 40 = ____

9) 2 + 16 = ____

10) 25 + 11 = ____

11) 6 + 40 = ____

12) 7 + 5 = ____

13) 19 + 6 = ____

14) 2 + 47 = ____

15) 21 + 26 = ____

16) 3 + 12 = ____

17) 12 + 22 = ____

18) 1 + 32 = ____

19) 24 + 26 = ____

20) 10 + 11 = ____

21) 19 + 4 = ____

22) 27 + 20 = ____

23) 37 + 12 = ____

24) 33 + 9 = ____

25) 9 + 22 = ____

26) 2 + 4 = ____

27) 1 + 34 = ____

28) 14 + 13 = ____

29) 12 + 29 = ____

30) 12 + 24 = ____

ADDITION PRACTICE

1) 18 + 15 = ____
2) 33 + 2 = ____
3) 30 + 17 = ____
4) 47 + 0 = ____
5) 27 + 2 = ____
6) 48 + 1 = ____
7) 3 + 45 = ____
8) 6 + 40 = ____
9) 20 + 7 = ____
10) 1 + 49 = ____
11) 5 + 39 = ____
12) 12 + 10 = ____
13) 50 + 1 = ____
14) 33 + 16 = ____
15) 29 + 12 = ____
16) 23 + 19 = ____
17) 8 + 34 = ____
18) 47 + 2 = ____
19) 12 + 25 = ____
20) 0 + 43 = ____
21) 0 + 49 = ____
22) 18 + 26 = ____
23) 9 + 39 = ____
24) 13 + 29 = ____
25) 43 + 2 = ____
26) 38 + 7 = ____
27) 39 + 2 = ____
28) 3 + 16 = ____
29) 12 + 36 = ____
30) 36 + 6 = ____

ADDITION PRACTICE

1) 11 + 33 = _____
2) 29 + 17 = _____
3) 6 + 31 = _____

4) 14 + 30 = _____
5) 17 + 22 = _____
6) 17 + 27 = _____

7) 38 + 2 = _____
8) 35 + 8 = _____
9) 20 + 14 = _____

10) 31 + 2 = _____
11) 19 + 8 = _____
12) 27 + 15 = _____

13) 1 + 10 = _____
14) 16 + 9 = _____
15) 15 + 8 = _____

16) 23 + 16 = _____
17) 3 + 9 = _____
18) 27 + 13 = _____

19) 15 + 10 = _____
20) 2 + 47 = _____
21) 0 + 50 = _____

22) 1 + 43 = _____
23) 39 + 7 = _____
24) 13 + 24 = _____

25) 4 + 36 = _____
26) 4 + 45 = _____
27) 38 + 5 = _____

28) 11 + 34 = _____
29) 38 + 10 = _____
30) 0 + 50 = _____

ADDITION PRACTICE

1) 3 + 47 = _____

2) 15 + 24 = _____

3) 0 + 50 = _____

4) 38 + 3 = _____

5) 44 + 3 = _____

6) 31 + 11 = _____

7) 4 + 37 = _____

8) 16 + 21 = _____

9) 28 + 6 = _____

10) 1 + 14 = _____

11) 3 + 45 = _____

12) 49 + 0 = _____

13) 44 + 5 = _____

14) 4 + 43 = _____

15) 33 + 15 = _____

16) 30 + 18 = _____

17) 44 + 4 = _____

18) 13 + 24 = _____

19) 25 + 2 = _____

20) 6 + 26 = _____

21) 7 + 16 = _____

22) 21 + 20 = _____

23) 42 + 7 = _____

24) 22 + 8 = _____

25) 28 + 18 = _____

26) 10 + 32 = _____

27) 28 + 8 = _____

28) 10 + 24 = _____

29) 8 + 16 = _____

30) 16 + 17 = _____

ADDITION PRACTICE

1) 13 + 5 = ____

2) 11 + 30 = ____

3) 28 + 13 = ____

4) 37 + 2 = ____

5) 12 + 9 = ____

6) 4 + 34 = ____

7) 13 + 4 = ____

8) 6 + 22 = ____

9) 21 + 27 = ____

10) 8 + 3 = ____

11) 48 + 1 = ____

12) 34 + 1 = ____

13) 1 + 49 = ____

14) 46 + 2 = ____

15) 21 + 13 = ____

16) 19 + 13 = ____

17) 37 + 7 = ____

18) 27 + 9 = ____

19) 1 + 35 = ____

20) 45 + 1 = ____

21) 16 + 12 = ____

22) 31 + 1 = ____

23) 13 + 17 = ____

24) 18 + 25 = ____

25) 1 + 24 = ____

26) 2 + 17 = ____

27) 5 + 38 = ____

28) 19 + 18 = ____

29) 42 + 8 = ____

30) 11 + 16 = ____

ADDITION PRACTICE

1) 5 + 38 = ____   2) 35 + 7 = ____   3) 2 + 39 = ____

4) 19 + 20 = ____   5) 6 + 11 = ____   6) 29 + 11 = ____

7) 11 + 0 = ____   8) 46 + 4 = ____   9) 45 + 2 = ____

10) 29 + 6 = ____   11) 1 + 13 = ____   12) 14 + 28 = ____

13) 9 + 41 = ____   14) 20 + 1 = ____   15) 42 + 7 = ____

16) 9 + 5 = ____   17) 25 + 2 = ____   18) 10 + 39 = ____

19) 22 + 26 = ____   20) 20 + 15 = ____   21) 9 + 14 = ____

22) 2 + 45 = ____   23) 13 + 36 = ____   24) 26 + 18 = ____

25) 19 + 7 = ____   26) 1 + 40 = ____   27) 31 + 17 = ____

28) 47 + 3 = ____   29) 30 + 2 = ____   30) 19 + 22 = ____

ADDITION PRACTICE

1) 16 + 18 = ____

2) 35 + 12 = ____

3) 27 + 11 = ____

4) 1 + 46 = ____

5) 34 + 9 = ____

6) 6 + 10 = ____

7) 26 + 21 = ____

8) 22 + 14 = ____

9) 26 + 7 = ____

10) 6 + 8 = ____

11) 2 + 33 = ____

12) 33 + 9 = ____

13) 35 + 8 = ____

14) 24 + 15 = ____

15) 20 + 12 = ____

16) 14 + 9 = ____

17) 24 + 2 = ____

18) 1 + 37 = ____

19) 28 + 16 = ____

20) 16 + 29 = ____

21) 6 + 24 = ____

22) 36 + 4 = ____

23) 12 + 5 = ____

24) 30 + 19 = ____

25) 1 + 45 = ____

26) 37 + 8 = ____

27) 25 + 1 = ____

28) 30 + 8 = ____

29) 31 + 7 = ____

30) 11 + 14 = ____

ADDITION PRACTICE
0 - 100 Values

1) 94 + 7 = ____

2) 60 + 7 = ____

3) 10 + 68 = ____

4) 18 + 51 = ____

5) 39 + 29 = ____

6) 12 + 22 = ____

7) 74 + 18 = ____

8) 25 + 2 = ____

9) 96 + 1 = ____

10) 5 + 4 = ____

11) 4 + 53 = ____

12) 10 + 79 = ____

13) 78 + 6 = ____

14) 7 + 40 = ____

15) 18 + 69 = ____

16) 32 + 59 = ____

17) 21 + 43 = ____

18) 59 + 31 = ____

19) 73 + 2 = ____

20) 8 + 81 = ____

21) 38 + 27 = ____

22) 18 + 77 = ____

23) 17 + 42 = ____

24) 25 + 60 = ____

25) 46 + 52 = ____

26) 2 + 98 = ____

27) 86 + 13 = ____

28) 84 + 2 = ____

29) 59 + 36 = ____

30) 44 + 25 = ____

ADDITION PRACTICE

1) 50 + 38 = ____
2) 11 + 28 = ____
3) 24 + 74 = ____

4) 14 + 33 = ____
5) 47 + 49 = ____
6) 70 + 6 = ____

7) 4 + 75 = ____
8) 1 + 96 = ____
9) 28 + 56 = ____

10) 0 + 100 = ____
11) 64 + 12 = ____
12) 2 + 49 = ____

13) 33 + 31 = ____
14) 40 + 8 = ____
15) 11 + 67 = ____

16) 70 + 1 = ____
17) 7 + 92 = ____
18) 90 + 8 = ____

19) 56 + 2 = ____
20) 39 + 39 = ____
21) 37 + 25 = ____

22) 32 + 18 = ____
23) 30 + 29 = ____
24) 44 + 9 = ____

25) 31 + 33 = ____
26) 21 + 64 = ____
27) 58 + 18 = ____

28) 64 + 37 = ____
29) 13 + 23 = ____
30) 16 + 71 = ____

ADDITION PRACTICE

1) 48 + 52 = ____
2) 78 + 12 = ____
3) 9 + 86 = ____

4) 37 + 11 = ____
5) 3 + 91 = ____
6) 19 + 49 = ____

7) 91 + 0 = ____
8) 10 + 51 = ____
9) 98 + 3 = ____

10) 55 + 40 = ____
11) 48 + 45 = ____
12) 54 + 21 = ____

13) 64 + 19 = ____
14) 12 + 19 = ____
15) 43 + 23 = ____

16) 45 + 1 = ____
17) 33 + 43 = ____
18) 5 + 53 = ____

19) 8 + 15 = ____
20) 2 + 97 = ____
21) 36 + 40 = ____

22) 6 + 75 = ____
23) 82 + 6 = ____
24) 1 + 85 = ____

25) 53 + 28 = ____
26) 16 + 50 = ____
27) 100 + 0 = ____

28) 51 + 35 = ____
29) 96 + 1 = ____
30) 83 + 15 = ____

ADDITION PRACTICE

1) 47 + 36 = ____

2) 7 + 24 = ____

3) 48 + 36 = ____

4) 57 + 38 = ____

5) 5 + 42 = ____

6) 6 + 79 = ____

7) 24 + 16 = ____

8) 15 + 19 = ____

9) 57 + 32 = ____

10) 55 + 19 = ____

11) 48 + 31 = ____

12) 16 + 49 = ____

13) 63 + 35 = ____

14) 48 + 19 = ____

15) 23 + 77 = ____

16) 0 + 10 = ____

17) 38 + 18 = ____

18) 83 + 14 = ____

19) 53 + 17 = ____

20) 27 + 22 = ____

21) 79 + 7 = ____

22) 16 + 79 = ____

23) 76 + 2 = ____

24) 39 + 14 = ____

25) 40 + 43 = ____

26) 19 + 40 = ____

27) 52 + 18 = ____

28) 21 + 37 = ____

29) 71 + 13 = ____

30) 19 + 66 = ____

ADDITION PRACTICE

1) 2 + 31 = ____

2) 18 + 50 = ____

3) 31 + 43 = ____

4) 7 + 59 = ____

5) 7 + 66 = ____

6) 27 + 62 = ____

7) 9 + 79 = ____

8) 70 + 22 = ____

9) 0 + 100 = ____

10) 32 + 66 = ____

11) 20 + 40 = ____

12) 26 + 69 = ____

13) 21 + 38 = ____

14) 12 + 24 = ____

15) 91 + 4 = ____

16) 69 + 5 = ____

17) 75 + 16 = ____

18) 41 + 50 = ____

19) 27 + 39 = ____

20) 99 + 1 = ____

21) 23 + 66 = ____

22) 42 + 17 = ____

23) 2 + 95 = ____

24) 91 + 1 = ____

25) 83 + 7 = ____

26) 100 + 1 = ____

27) 41 + 24 = ____

28) 11 + 81 = ____

29) 9 + 48 = ____

30) 47 + 47 = ____

ADDITION PRACTICE

1) 1 + 93 = ____

2) 27 + 39 = ____

3) 38 + 17 = ____

4) 11 + 81 = ____

5) 72 + 27 = ____

6) 1 + 99 = ____

7) 15 + 64 = ____

8) 9 + 90 = ____

9) 62 + 17 = ____

10) 43 + 6 = ____

11) 12 + 27 = ____

12) 79 + 21 = ____

13) 9 + 31 = ____

14) 37 + 59 = ____

15) 50 + 33 = ____

16) 21 + 18 = ____

17) 11 + 52 = ____

18) 72 + 12 = ____

19) 96 + 4 = ____

20) 38 + 10 = ____

21) 8 + 79 = ____

22) 10 + 39 = ____

23) 16 + 36 = ____

24) 61 + 3 = ____

25) 22 + 33 = ____

26) 3 + 77 = ____

27) 53 + 43 = ____

28) 64 + 33 = ____

29) 85 + 5 = ____

30) 27 + 73 = ____

ADDITION PRACTICE

1) 3 + 66 = ____

2) 2 + 61 = ____

3) 100 + 0 = ____

4) 32 + 48 = ____

5) 4 + 84 = ____

6) 90 + 8 = ____

7) 3 + 91 = ____

8) 12 + 78 = ____

9) 0 + 100 = ____

10) 73 + 19 = ____

11) 9 + 86 = ____

12) 27 + 57 = ____

13) 27 + 33 = ____

14) 3 + 94 = ____

15) 52 + 18 = ____

16) 45 + 20 = ____

17) 59 + 23 = ____

18) 16 + 55 = ____

19) 65 + 8 = ____

20) 88 + 3 = ____

21) 69 + 3 = ____

22) 2 + 13 = ____

23) 35 + 59 = ____

24) 3 + 24 = ____

25) 79 + 9 = ____

26) 14 + 83 = ____

27) 76 + 4 = ____

28) 24 + 24 = ____

29) 3 + 61 = ____

30) 28 + 71 = ____

ADDITION PRACTICE

1) 0 + 93 = ____
2) 4 + 93 = ____
3) 17 + 72 = ____
4) 3 + 76 = ____
5) 6 + 38 = ____
6) 4 + 73 = ____
7) 77 + 17 = ____
8) 80 + 10 = ____
9) 79 + 5 = ____
10) 38 + 54 = ____
11) 9 + 25 = ____
12) 57 + 24 = ____
13) 43 + 32 = ____
14) 18 + 63 = ____
15) 90 + 9 = ____
16) 42 + 16 = ____
17) 5 + 9 = ____
18) 4 + 4 = ____
19) 57 + 19 = ____
20) 36 + 32 = ____
21) 94 + 1 = ____
22) 17 + 11 = ____
23) 9 + 1 = ____
24) 32 + 56 = ____
25) 52 + 42 = ____
26) 86 + 10 = ____
27) 4 + 44 = ____
28) 45 + 26 = ____
29) 76 + 22 = ____
30) 18 + 68 = ____

ADDITION PRACTICE

1) 47 + 52 = ____

2) 1 + 90 = ____

3) 63 + 28 = ____

4) 23 + 59 = ____

5) 49 + 32 = ____

6) 55 + 38 = ____

7) 32 + 56 = ____

8) 70 + 3 = ____

9) 28 + 67 = ____

10) 15 + 19 = ____

11) 67 + 4 = ____

12) 29 + 69 = ____

13) 25 + 53 = ____

14) 95 + 3 = ____

15) 57 + 10 = ____

16) 4 + 91 = ____

17) 30 + 6 = ____

18) 46 + 28 = ____

19) 40 + 52 = ____

20) 16 + 26 = ____

21) 27 + 73 = ____

22) 33 + 52 = ____

23) 5 + 37 = ____

24) 5 + 90 = ____

25) 67 + 27 = ____

26) 45 + 40 = ____

27) 2 + 94 = ____

28) 8 + 61 = ____

29) 66 + 2 = ____

30) 4 + 57 = ____

ADDITION PRACTICE

1) 21 + 0 = ____
2) 36 + 28 = ____
3) 82 + 15 = ____

4) 6 + 26 = ____
5) 86 + 6 = ____
6) 11 + 49 = ____

7) 39 + 18 = ____
8) 27 + 70 = ____
9) 70 + 5 = ____

10) 19 + 35 = ____
11) 1 + 12 = ____
12) 34 + 56 = ____

13) 44 + 21 = ____
14) 4 + 84 = ____
15) 96 + 4 = ____

16) 61 + 11 = ____
17) 28 + 34 = ____
18) 49 + 28 = ____

19) 86 + 13 = ____
20) 1 + 69 = ____
21) 39 + 19 = ____

22) 0 + 38 = ____
23) 88 + 2 = ____
24) 3 + 94 = ____

25) 53 + 38 = ____
26) 23 + 47 = ____
27) 7 + 25 = ____

28) 32 + 62 = ____
29) 86 + 8 = ____
30) 68 + 13 = ____

MISSING NUMBER
0 - 50

1) 0 + ____ = 50   2) 13 + 26 = ____   3) 29 + ____ = 29

4) 38 + ____ = 49   5) ____ + 6 = 48   6) 34 + ____ = 37

7) ____ + 18 = 19   8) ____ + 23 = 28   9) 35 + ____ = 36

10) 49 + ____ = 49   11) ____ + 49 = 50   12) 38 + 4 = ____

13) 37 + ____ = 40   14) 14 + ____ = 21   15) 4 + ____ = 14

16) ____ + 1 = 49   17) ____ + 4 = 43   18) 24 + 26 = ____

19) 7 + ____ = 23   20) ____ + 5 = 39   21) 0 + ____ = 50

22) 41 + ____ = 44   23) 13 + 23 = ____   24) 11 + ____ = 50

25) 18 + ____ = 29   26) 7 + ____ = 48   27) 45 + ____ = 46

28) ____ + 29 = 45   29) ____ + 23 = 23   30) 3 + ____ = 20

MISSING NUMBER

1) 11 + 39 = ____
2) 4 + ____ = 22
3) ____ + 23 = 38

4) ____ + 29 = 31
5) 25 + ____ = 48
6) 17 + ____ = 39

7) ____ + 5 = 31
8) 1 + ____ = 26
9) ____ + 14 = 35

10) 27 + ____ = 40
11) 47 + ____ = 49
12) 11 + 12 = ____

13) ____ + 29 = 40
14) 7 + ____ = 8
15) 40 + ____ = 49

16) 46 + 2 = ____
17) 9 + 41 = ____
18) ____ + 16 = 37

19) 34 + ____ = 46
20) 24 + ____ = 46
21) ____ + 36 = 48

22) ____ + 22 = 45
23) ____ + 25 = 47
24) 0 + ____ = 50

25) 8 + ____ = 47
26) ____ + 44 = 49
27) ____ + 12 = 30

28) ____ + 39 = 48
29) 23 + ____ = 27
30) ____ + 25 = 29

MISSING NUMBER

1) ____ + 44 = 46   2) 8 + ____ = 42   3) ____ + 14 = 33

4) ____ + 32 = 43   5) ____ + 47 = 48   6) 1 + ____ = 48

7) ____ + 8 = 25   8) 3 + 27 = ____   9) ____ + 30 = 40

10) 0 + ____ = 49   11) 3 + ____ = 24   12) ____ + 40 = 44

13) ____ + 3 = 43   14) 5 + 44 = ____   15) ____ + 39 = 48

16) 40 + 4 = ____   17) 26 + 22 = ____   18) 3 + ____ = 33

19) 4 + ____ = 50   20) 30 + ____ = 43   21) 12 + ____ = 27

22) ____ + 7 = 32   23) ____ + 27 = 29   24) 44 + ____ = 49

25) 15 + ____ = 34   26) ____ + 7 = 45   27) 19 + 2 = ____

28) ____ + 7 = 40   29) ____ + 10 = 11   30) ____ + 7 = 34

MISSING NUMBER

1) ____ + 2 = 21   2) 15 + ____ = 46   3) 28 + 13 = ____

4) ____ + 34 = 39   5) ____ + 50 = 50   6) 18 + ____ = 31

7) ____ + 7 = 17   8) 34 + ____ = 43   9) 27 + ____ = 44

10) 34 + ____ = 43   11) 23 + 10 = ____   12) 43 + ____ = 50

13) 3 + ____ = 47   14) ____ + 35 = 36   15) 43 + ____ = 45

16) 33 + ____ = 42   17) 1 + 48 = ____   18) ____ + 8 = 40

19) ____ + 15 = 30   20) ____ + 8 = 49   21) ____ + 30 = 38

22) ____ + 31 = 50   23) 17 + ____ = 35   24) ____ + 5 = 19

25) 12 + 12 = ____   26) 1 + ____ = 31   27) 2 + ____ = 28

28) 9 + ____ = 22   29) 10 + ____ = 40   30) 2 + 47 = ____

MISSING NUMBER

1) 8 + 40 = ____   2) ____ + 28 = 49   3) 10 + 27 = ____

4) 12 + 21 = ____   5) ____ + 28 = 46   6) 45 + 5 = ____

7) 9 + ____ = 27   8) 2 + ____ = 20   9) ____ + 5 = 40

10) 18 + ____ = 36   11) 28 + 19 = ____   12) ____ + 25 = 27

13) 33 + ____ = 38   14) 23 + ____ = 48   15) 4 + 45 = ____

16) 11 + ____ = 11   17) ____ + 5 = 29   18) 27 + 10 = ____

19) 7 + ____ = 21   20) 33 + ____ = 50   21) ____ + 14 = 42

22) 15 + ____ = 40   23) 5 + ____ = 22   24) ____ + 27 = 37

25) ____ + 9 = 9   26) ____ + 15 = 39   27) ____ + 2 = 48

28) 40 + ____ = 43   29) 16 + ____ = 27   30) 23 + ____ = 34

MISSING NUMBER

1) 46 + ____ = 47   2) 22 + 26 = ____   3) 13 + ____ = 29

4) 1 + ____ = 46   5) 6 + ____ = 45   6) 12 + ____ = 48

7) 36 + ____ = 48   8) ____ + 26 = 38   9) ____ + 12 = 43

10) ____ + 44 = 47   11) 28 + ____ = 50   12) 35 + ____ = 49

13) 38 + ____ = 50   14) 2 + ____ = 48   15) 21 + ____ = 35

16) 8 + ____ = 39   17) ____ + 49 = 50   18) 14 + 36 = ____

19) 4 + ____ = 7   20) 1 + 44 = ____   21) 17 + ____ = 41

22) 2 + ____ = 16   23) ____ + 7 = 12   24) 22 + 7 = ____

25) ____ + 6 = 27   26) ____ + 32 = 42   27) 14 + 31 = ____

28) ____ + 15 = 47   29) 11 + ____ = 37   30) 45 + ____ = 47

MISSING NUMBER

1) 14 + ____ = 30
2) ____ + 9 = 40
3) 5 + 43 = ____
4) 23 + 5 = ____
5) ____ + 21 = 27
6) ____ + 9 = 19
7) ____ + 7 = 29
8) 38 + ____ = 50
9) 7 + ____ = 29
10) ____ + 43 = 48
11) 2 + ____ = 45
12) ____ + 3 = 48
13) ____ + 14 = 38
14) 42 + 1 = ____
15) ____ + 45 = 47
16) ____ + 10 = 28
17) ____ + 9 = 33
18) ____ + 7 = 45
19) 27 + ____ = 34
20) 22 + ____ = 35
21) 6 + 39 = ____
22) ____ + 29 = 48
23) 7 + ____ = 47
24) 4 + 31 = ____
25) ____ + 32 = 44
26) ____ + 5 = 38
27) 20 + ____ = 32
28) 1 + ____ = 32
29) 47 + 2 = ____
30) 8 + 42 = ____

MISSING NUMBER

1) 9 + ____ = 33
2) ____ + 6 = 35
3) 19 + ____ = 48
4) ____ + 20 = 39
5) 16 + ____ = 43
6) 9 + ____ = 48
7) 24 + ____ = 36
8) 1 + ____ = 49
9) ____ + 20 = 22
10) ____ + 1 = 50
11) 9 + ____ = 43
12) 7 + ____ = 25
13) ____ + 4 = 32
14) 24 + ____ = 32
15) ____ + 24 = 40
16) 2 + ____ = 41
17) 2 + 44 = ____
18) 32 + ____ = 36
19) 37 + ____ = 41
20) ____ + 17 = 45
21) ____ + 2 = 43
22) 40 + 4 = ____
23) 29 + 8 = ____
24) 50 + 0 = ____
25) 41 + 8 = ____
26) ____ + 46 = 49
27) 18 + ____ = 39
28) 5 + ____ = 32
29) ____ + 15 = 39
30) 1 + 37 = ____

MISSING NUMBER

1) 50 + 1 = ____   2) 20 + ____ = 25   3) ____ + 19 = 39

4) 4 + 34 = ____   5) 2 + 47 = ____   6) 3 + 20 = ____

7) 37 + 7 = ____   8) 7 + ____ = 36   9) ____ + 5 = 40

10) ____ + 38 = 50   11) 2 + ____ = 32   12) 32 + 1 = ____

13) 12 + ____ = 25   14) 21 + 26 = ____   15) 1 + 48 = ____

16) ____ + 23 = 26   17) 25 + ____ = 35   18) 2 + ____ = 49

19) 13 + ____ = 34   20) ____ + 23 = 47   21) 24 + 8 = ____

22) ____ + 21 = 24   23) ____ + 41 = 46   24) ____ + 27 = 36

25) ____ + 14 = 43   26) ____ + 31 = 43   27) ____ + 3 = 27

28) ____ + 2 = 30   29) ____ + 23 = 38   30) ____ + 32 = 44

MISSING NUMBER

1) 3 + ____ = 47   2) 16 + 22 = ____   3) ____ + 45 = 46

4) ____ + 6 = 43   5) 12 + ____ = 28   6) 50 + 0 = ____

7) ____ + 23 = 36   8) 16 + 12 = ____   9) ____ + 9 = 44

10) ____ + 20 = 46   11) 34 + ____ = 42   12) 45 + ____ = 49

13) 27 + ____ = 31   14) 11 + ____ = 48   15) 23 + 25 = ____

16) 4 + 38 = ____   17) ____ + 1 = 48   18) 10 + ____ = 34

19) ____ + 10 = 34   20) 31 + ____ = 46   21) ____ + 3 = 25

22) 5 + ____ = 27   23) 13 + 31 = ____   24) ____ + 0 = 37

25) ____ + 2 = 41   26) 6 + ____ = 41   27) 24 + ____ = 43

28) 45 + ____ = 48   29) 4 + 26 = ____   30) 19 + 18 = ____

MISSING NUMBER
0 - 100

1) 19 + ____ = 81

2) ____ + 1 = 96

3) ____ + 24 = 81

4) 8 + ____ = 87

5) ____ + 52 = 60

6) 16 + ____ = 62

7) 74 + ____ = 93

8) ____ + 73 = 81

9) ____ + 0 = 72

10) 30 + ____ = 47

11) 22 + ____ = 84

12) ____ + 16 = 100

13) 35 + ____ = 94

14) ____ + 28 = 35

15) 70 + ____ = 84

16) ____ + 12 = 72

17) ____ + 6 = 85

18) 6 + ____ = 96

19) 41 + 18 = ____

20) ____ + 47 = 89

21) ____ + 67 = 83

22) 54 + ____ = 92

23) ____ + 28 = 66

24) ____ + 40 = 52

25) ____ + 7 = 31

26) 47 + 2 = ____

27) 54 + 28 = ____

28) 56 + 12 = ____

29) ____ + 90 = 100

30) ____ + 18 = 71

MISSING NUMBER

1) 22 + ____ = 51
2) 29 + ____ = 86
3) ____ + 3 = 93

4) 25 + ____ = 100
5) 94 + ____ = 99
6) ____ + 10 = 91

7) 100 + ____ = 100
8) ____ + 5 = 73
9) ____ + 34 = 42

10) 2 + ____ = 91
11) 5 + ____ = 93
12) ____ + 8 = 30

13) 61 + ____ = 93
14) ____ + 16 = 96
15) ____ + 97 = 98

16) 38 + ____ = 56
17) ____ + 14 = 79
18) 90 + ____ = 91

19) 55 + 21 = ____
20) ____ + 14 = 58
21) ____ + 80 = 86

22) ____ + 12 = 99
23) 71 + ____ = 78
24) 3 + ____ = 85

25) 70 + ____ = 94
26) 81 + ____ = 92
27) ____ + 21 = 86

28) ____ + 14 = 88
29) ____ + 56 = 56
30) 2 + 46 = ____

MISSING NUMBER

1) 46 + 44 = ____
2) 30 + ____ = 45
3) 46 + 39 = ____

4) ____ + 54 = 74
5) ____ + 46 = 91
6) 8 + ____ = 64

7) 2 + ____ = 2
8) 19 + ____ = 90
9) 7 + ____ = 89

10) ____ + 17 = 81
11) 40 + 60 = ____
12) ____ + 56 = 60

13) 24 + ____ = 71
14) 57 + 43 = ____
15) 95 + ____ = 99

16) ____ + 20 = 33
17) 4 + ____ = 97
18) ____ + 75 = 93

19) ____ + 46 = 88
20) ____ + 9 = 85
21) ____ + 15 = 31

22) ____ + 31 = 32
23) 54 + ____ = 87
24) 71 + 22 = ____

25) 47 + ____ = 97
26) 36 + ____ = 45
27) 79 + ____ = 81

28) 13 + 59 = ____
29) 60 + 24 = ____
30) 2 + 35 = ____

MISSING NUMBER

1) 74 + ____ = 97

2) 39 + 47 = ____

3) ____ + 10 = 34

4) ____ + 48 = 70

5) 27 + 21 = ____

6) 94 + 2 = ____

7) 13 + ____ = 100

8) 52 + ____ = 66

9) 7 + ____ = 39

10) 77 + ____ = 100

11) ____ + 39 = 67

12) 41 + 31 = ____

13) 56 + ____ = 95

14) 85 + ____ = 98

15) 6 + ____ = 98

16) 84 + 2 = ____

17) ____ + 31 = 93

18) ____ + 30 = 46

19) 22 + ____ = 98

20) 1 + ____ = 100

21) ____ + 27 = 82

22) ____ + 44 = 53

23) ____ + 99 = 100

24) 46 + ____ = 57

25) 5 + ____ = 93

26) 81 + ____ = 82

27) 3 + ____ = 12

28) ____ + 57 = 69

29) ____ + 29 = 45

30) 68 + ____ = 97

MISSING NUMBER

1) 3 + 96 = ____

2) ____ + 88 = 96

3) 25 + ____ = 62

4) ____ + 87 = 100

5) 87 + ____ = 93

6) 70 + ____ = 86

7) 71 + ____ = 86

8) ____ + 54 = 67

9) 94 + ____ = 95

10) ____ + 73 = 75

11) ____ + 12 = 64

12) ____ + 24 = 81

13) ____ + 38 = 77

14) 11 + ____ = 29

15) ____ + 99 = 100

16) ____ + 20 = 58

17) 12 + ____ = 95

18) 52 + ____ = 75

19) 83 + ____ = 90

20) 17 + ____ = 95

21) 3 + 22 = ____

22) 26 + ____ = 68

23) 80 + ____ = 91

24) ____ + 24 = 52

25) ____ + 98 = 100

26) 34 + 61 = ____

27) ____ + 71 = 77

28) 2 + ____ = 41

29) 38 + ____ = 48

30) 18 + 37 = ____

MISSING NUMBER

1) 90 + ____ = 91   2) 25 + ____ = 98   3) ____ + 9 = 28

4) ____ + 25 = 36   5) ____ + 2 = 52   6) ____ + 37 = 83

7) ____ + 65 = 78   8) 88 + ____ = 99   9) 24 + ____ = 88

10) ____ + 9 = 58   11) ____ + 43 = 74   12) 13 + ____ = 61

13) 16 + ____ = 60   14) 6 + ____ = 81   15) 31 + ____ = 52

16) 28 + ____ = 40   17) 68 + 21 = ____   18) ____ + 57 = 76

19) 56 + ____ = 97   20) 43 + ____ = 78   21) 13 + ____ = 61

22) 2 + 51 = ____   23) ____ + 69 = 89   24) 39 + ____ = 49

25) 7 + ____ = 71   26) 95 + ____ = 100   27) ____ + 3 = 10

28) ____ + 7 = 61   29) 84 + ____ = 93   30) 37 + ____ = 42

MISSING NUMBER

1) 73 + ____ = 88   2) 42 + ____ = 56   3) 75 + ____ = 81

4) ____ + 97 = 98   5) 53 + ____ = 81   6) 20 + 9 = ____

7) 91 + ____ = 98   8) ____ + 17 = 66   9) 18 + ____ = 60

10) 40 + ____ = 97   11) 71 + ____ = 97   12) 50 + ____ = 77

13) 28 + ____ = 39   14) 34 + ____ = 89   15) 74 + ____ = 87

16) ____ + 2 = 90   17) 47 + ____ = 96   18) ____ + 15 = 59

19) ____ + 39 = 77   20) 46 + 53 = ____   21) ____ + 83 = 89

22) 37 + ____ = 94   23) ____ + 1 = 100   24) 24 + ____ = 43

25) ____ + 10 = 78   26) ____ + 42 = 58   27) ____ + 97 = 99

28) 49 + ____ = 89   29) 17 + ____ = 32   30) ____ + 32 = 89

MISSING NUMBER

1) 21 + 7 = ____

2) ____ + 47 = 94

3) ____ + 37 = 50

4) ____ + 25 = 69

5) ____ + 74 = 89

6) 23 + ____ = 88

7) ____ + 31 = 43

8) 9 + ____ = 100

9) ____ + 47 = 62

10) 62 + ____ = 98

11) ____ + 92 = 98

12) 24 + ____ = 48

13) 25 + ____ = 69

14) 40 + 14 = ____

15) ____ + 5 = 46

16) ____ + 82 = 93

17) ____ + 31 = 62

18) 51 + 29 = ____

19) 1 + ____ = 83

20) ____ + 12 = 29

21) ____ + 27 = 98

22) ____ + 30 = 62

23) 1 + 68 = ____

24) 14 + 84 = ____

25) 37 + 45 = ____

26) 5 + ____ = 96

27) ____ + 14 = 33

28) 41 + 9 = ____

29) ____ + 4 = 99

30) 48 + 25 = ____

MISSING NUMBER

1) 92 + ____ = 97
2) ____ + 39 = 91
3) 35 + ____ = 49

4) 82 + ____ = 96
5) ____ + 29 = 45
6) 59 + ____ = 85

7) 30 + 2 = ____
8) ____ + 35 = 81
9) ____ + 64 = 66

10) ____ + 54 = 89
11) 67 + ____ = 83
12) 17 + ____ = 71

13) 61 + ____ = 79
14) 51 + ____ = 69
15) ____ + 1 = 91

16) ____ + 6 = 90
17) 32 + 64 = ____
18) ____ + 44 = 61

19) 54 + ____ = 55
20) 90 + ____ = 99
21) ____ + 16 = 84

22) 52 + 8 = ____
23) 57 + ____ = 60
24) ____ + 33 = 80

25) ____ + 32 = 58
26) ____ + 76 = 92
27) 92 + 5 = ____

28) ____ + 52 = 57
29) 33 + ____ = 88
30) ____ + 48 = 51

MISSING NUMBER

1) 31 + ____ = 94

2) 46 + 22 = ____

3) 75 + 1 = ____

4) 94 + ____ = 95

5) 89 + ____ = 92

6) 97 + 2 = ____

7) 33 + 60 = ____

8) ____ + 58 = 70

9) 27 + 48 = ____

10) 11 + ____ = 91

11) 93 + ____ = 100

12) 48 + ____ = 71

13) 6 + ____ = 98

14) 71 + ____ = 80

15) ____ + 7 = 60

16) ____ + 71 = 89

17) 26 + ____ = 97

18) 52 + ____ = 96

19) 30 + 18 = ____

20) ____ + 19 = 80

21) ____ + 52 = 81

22) 1 + 10 = ____

23) 7 + 69 = ____

24) ____ + 29 = 56

25) ____ + 9 = 60

26) ____ + 1 = 13

27) ____ + 55 = 84

28) ____ + 1 = 11

29) ____ + 10 = 79

30) 50 + 26 = ____

SUBTRACTION PRACTICE
0 - 50

1) 39 − 11 = _____
2) 40 − 17 = _____
3) 20 − 20 = _____
4) 36 − 18 = _____
5) 30 − 19 = _____
6) 27 − 3 = _____
7) 43 − 19 = _____
8) 43 − 29 = _____
9) 12 − 9 = _____
10) 17 − 14 = _____
11) 31 − 3 = _____
12) 42 − 23 = _____
13) 33 − 9 = _____
14) 29 − 3 = _____
15) 50 − 43 = _____
16) 34 − 13 = _____
17) 19 − 14 = _____
18) 47 − 3 = _____
19) 28 − 7 = _____
20) 48 − 3 = _____
21) 18 − 1 = _____
22) 28 − 16 = _____
23) 32 − 15 = _____
24) 46 − 46 = _____
25) 44 − 31 = _____
26) 27 − 19 = _____
27) 28 − 27 = _____
28) 35 − 10 = _____
29) 41 − 6 = _____
30) 50 − 39 = _____

SUBTRACTION PRACTICE

1) 46 − 16 = ____   2) 25 − 9 = ____   3) 20 − 12 = ____

4) 37 − 18 = ____   5) 35 − 12 = ____   6) 45 − 45 = ____

7) 42 − 11 = ____   8) 43 − 12 = ____   9) 31 − 28 = ____

10) 27 − 13 = ____   11) 13 − 9 = ____   12) 44 − 8 = ____

13) 19 − 18 = ____   14) 27 − 15 = ____   15) 32 − 5 = ____

16) 42 − 16 = ____   17) 10 − 4 = ____   18) 20 − 8 = ____

19) 22 − 17 = ____   20) 38 − 20 = ____   21) 36 − 15 = ____

22) 28 − 28 = ____   23) 33 − 31 = ____   24) 38 − 8 = ____

25) 28 − 15 = ____   26) 31 − 12 = ____   27) 28 − 12 = ____

28) 26 − 4 = ____   29) 33 − 24 = ____   30) 47 − 21 = ____

SUBTRACTION PRACTICE

1) 31 – 11 = _____

2) 17 – 10 = _____

3) 46 – 6 = _____

4) 21 – 18 = _____

5) 39 – 21 = _____

6) 36 – 7 = _____

7) 42 – 14 = _____

8) 32 – 5 = _____

9) 26 – 3 = _____

10) 31 – 25 = _____

11) 26 – 20 = _____

12) 44 – 25 = _____

13) 22 – 12 = _____

14) 27 – 3 = _____

15) 20 – 2 = _____

16) 33 – 13 = _____

17) 45 – 13 = _____

18) 28 – 4 = _____

19) 40 – 16 = _____

20) 26 – 10 = _____

21) 33 – 27 = _____

22) 16 – 5 = _____

23) 1 – 1 = _____

24) 27 – 4 = _____

25) 36 – 20 = _____

26) 37 – 2 = _____

27) 49 – 23 = _____

28) 29 – 23 = _____

29) 36 – 34 = _____

30) 31 – 7 = _____

SUBTRACTION PRACTICE

1) 21 − 2 = ____

2) 47 − 3 = ____

3) 41 − 17 = ____

4) 12 − 3 = ____

5) 9 − 3 = ____

6) 50 − 23 = ____

7) 8 − 3 = ____

8) 44 − 24 = ____

9) 20 − 14 = ____

10) 42 − 36 = ____

11) 47 − 37 = ____

12) 43 − 5 = ____

13) 29 − 22 = ____

14) 28 − 16 = ____

15) 22 − 6 = ____

16) 48 − 21 = ____

17) 19 − 12 = ____

18) 33 − 10 = ____

19) 45 − 35 = ____

20) 39 − 35 = ____

21) 49 − 7 = ____

22) 29 − 12 = ____

23) 35 − 1 = ____

24) 8 − 3 = ____

25) 39 − 38 = ____

26) 37 − 3 = ____

27) 48 − 30 = ____

28) 43 − 28 = ____

29) 49 − 43 = ____

30) 18 − 13 = ____

SUBTRACTION PRACTICE

1) 47 − 8 = ____

2) 18 − 15 = ____

3) 24 − 12 = ____

4) 45 − 26 = ____

5) 39 − 28 = ____

6) 44 − 18 = ____

7) 45 − 41 = ____

8) 14 − 2 = ____

9) 42 − 2 = ____

10) 42 − 42 = ____

11) 47 − 36 = ____

12) 46 − 4 = ____

13) 27 − 8 = ____

14) 5 − 5 = ____

15) 43 − 35 = ____

16) 34 − 3 = ____

17) 46 − 27 = ____

18) 9 − 0 = ____

19) 22 − 5 = ____

20) 21 − 16 = ____

21) 34 − 5 = ____

22) 35 − 11 = ____

23) 47 − 36 = ____

24) 10 − 7 = ____

25) 31 − 30 = ____

26) 10 − 1 = ____

27) 47 − 5 = ____

28) 26 − 22 = ____

29) 42 − 38 = ____

30) 21 − 7 = ____

SUBTRACTION PRACTICE

1) 22 − 1 = ____   2) 38 − 37 = ____   3) 22 − 8 = ____

4) 37 − 24 = ____   5) 13 − 8 = ____   6) 4 − 0 = ____

7) 38 − 5 = ____   8) 28 − 12 = ____   9) 33 − 12 = ____

10) 41 − 22 = ____   11) 25 − 24 = ____   12) 38 − 8 = ____

13) 33 − 29 = ____   14) 24 − 3 = ____   15) 22 − 5 = ____

16) 10 − 7 = ____   17) 44 − 13 = ____   18) 31 − 24 = ____

19) 44 − 1 = ____   20) 50 − 41 = ____   21) 30 − 11 = ____

22) 27 − 1 = ____   23) 9 − 5 = ____   24) 21 − 9 = ____

25) 45 − 6 = ____   26) 43 − 14 = ____   27) 26 − 13 = ____

28) 20 − 1 = ____   29) 41 − 5 = ____   30) 39 − 39 = ____

SUBTRACTION PRACTICE

1) 27 − 7 = ____

2) 45 − 8 = ____

3) 18 − 12 = ____

4) 31 − 11 = ____

5) 31 − 25 = ____

6) 44 − 40 = ____

7) 45 − 29 = ____

8) 45 − 41 = ____

9) 13 − 7 = ____

10) 45 − 34 = ____

11) 22 − 20 = ____

12) 40 − 38 = ____

13) 49 − 29 = ____

14) 11 − 7 = ____

15) 38 − 23 = ____

16) 2 − 1 = ____

17) 39 − 31 = ____

18) 48 − 31 = ____

19) 18 − 2 = ____

20) 23 − 22 = ____

21) 45 − 31 = ____

22) 49 − 22 = ____

23) 37 − 7 = ____

24) 30 − 10 = ____

25) 45 − 15 = ____

26) 42 − 32 = ____

27) 40 − 2 = ____

28) 41 − 40 = ____

29) 30 − 12 = ____

30) 16 − 11 = ____

SUBTRACTION PRACTICE

1) 47 − 3 = _____
2) 19 − 1 = _____
3) 27 − 18 = _____
4) 34 − 16 = _____
5) 21 − 11 = _____
6) 28 − 11 = _____
7) 26 − 23 = _____
8) 33 − 5 = _____
9) 30 − 17 = _____
10) 46 − 33 = _____
11) 33 − 15 = _____
12) 48 − 35 = _____
13) 42 − 9 = _____
14) 32 − 12 = _____
15) 46 − 30 = _____
16) 38 − 9 = _____
17) 45 − 33 = _____
18) 5 − 2 = _____
19) 47 − 10 = _____
20) 44 − 30 = _____
21) 48 − 35 = _____
22) 46 − 42 = _____
23) 30 − 1 = _____
24) 38 − 32 = _____
25) 41 − 22 = _____
26) 49 − 39 = _____
27) 34 − 17 = _____
28) 47 − 19 = _____
29) 26 − 23 = _____
30) 27 − 4 = _____

SUBTRACTION PRACTICE

1) 40 − 29 = ____   2) 21 − 8 = ____   3) 18 − 9 = ____

4) 40 − 1 = ____   5) 47 − 23 = ____   6) 13 − 13 = ____

7) 36 − 10 = ____   8) 44 − 34 = ____   9) 24 − 1 = ____

10) 12 − 7 = ____   11) 32 − 6 = ____   12) 24 − 21 = ____

13) 38 − 10 = ____   14) 9 − 7 = ____   15) 36 − 4 = ____

16) 45 − 37 = ____   17) 8 − 5 = ____   18) 13 − 5 = ____

19) 39 − 17 = ____   20) 24 − 24 = ____   21) 43 − 15 = ____

22) 29 − 20 = ____   23) 29 − 6 = ____   24) 24 − 5 = ____

25) 37 − 31 = ____   26) 29 − 20 = ____   27) 42 − 7 = ____

28) 38 − 19 = ____   29) 49 − 9 = ____   30) 40 − 18 = ____

SUBTRACTION PRACTICE

1) 36 – 14 = ____   2) 13 – 2 = ____   3) 19 – 5 = ____

4) 50 – 35 = ____   5) 39 – 37 = ____   6) 40 – 4 = ____

7) 28 – 12 = ____   8) 41 – 26 = ____   9) 33 – 19 = ____

10) 35 – 29 = ____   11) 28 – 23 = ____   12) 20 – 13 = ____

13) 48 – 33 = ____   14) 32 – 9 = ____   15) 14 – 7 = ____

16) 50 – 25 = ____   17) 28 – 2 = ____   18) 32 – 16 = ____

19) 49 – 16 = ____   20) 50 – 25 = ____   21) 32 – 29 = ____

22) 28 – 20 = ____   23) 47 – 8 = ____   24) 27 – 26 = ____

25) 20 – 15 = ____   26) 44 – 23 = ____   27) 10 – 3 = ____

28) 40 – 13 = ____   29) 35 – 19 = ____   30) 40 – 5 = ____

SUBTRACTION PRACTICE
0 - 100

1) 36 – 18 = ____
2) 79 – 50 = ____
3) 29 – 27 = ____
4) 50 – 13 = ____
5) 34 – 18 = ____
6) 94 – 27 = ____
7) 96 – 18 = ____
8) 33 – 21 = ____
9) 62 – 5 = ____
10) 69 – 37 = ____
11) 71 – 42 = ____
12) 47 – 8 = ____
13) 77 – 15 = ____
14) 94 – 43 = ____
15) 96 – 3 = ____
16) 62 – 32 = ____
17) 82 – 63 = ____
18) 79 – 57 = ____
19) 95 – 36 = ____
20) 12 – 6 = ____
21) 38 – 17 = ____
22) 82 – 12 = ____
23) 65 – 25 = ____
24) 27 – 18 = ____
25) 34 – 17 = ____
26) 74 – 71 = ____
27) 84 – 14 = ____
28) 93 – 41 = ____
29) 47 – 33 = ____
30) 92 – 27 = ____

SUBTRACTION PRACTICE

1) 81 − 8 = ____

2) 31 − 13 = ____

3) 65 − 21 = ____

4) 46 − 27 = ____

5) 39 − 30 = ____

6) 87 − 50 = ____

7) 86 − 8 = ____

8) 47 − 35 = ____

9) 88 − 67 = ____

10) 69 − 6 = ____

11) 71 − 42 = ____

12) 84 − 59 = ____

13) 31 − 2 = ____

14) 97 − 64 = ____

15) 45 − 33 = ____

16) 54 − 52 = ____

17) 53 − 36 = ____

18) 32 − 14 = ____

19) 55 − 19 = ____

20) 87 − 60 = ____

21) 87 − 28 = ____

22) 56 − 41 = ____

23) 88 − 84 = ____

24) 24 − 22 = ____

25) 29 − 8 = ____

26) 47 − 29 = ____

27) 57 − 35 = ____

28) 35 − 4 = ____

29) 94 − 77 = ____

30) 80 − 56 = ____

SUBTRACTION PRACTICE

1) 95 − 90 = ____ 2) 61 − 59 = ____ 3) 99 − 86 = ____

4) 99 − 21 = ____ 5) 65 − 35 = ____ 6) 29 − 28 = ____

7) 98 − 14 = ____ 8) 82 − 61 = ____ 9) 87 − 83 = ____

10) 54 − 52 = ____ 11) 49 − 20 = ____ 12) 50 − 17 = ____

13) 57 − 54 = ____ 14) 73 − 66 = ____ 15) 36 − 30 = ____

16) 55 − 28 = ____ 17) 82 − 60 = ____ 18) 27 − 10 = ____

19) 47 − 26 = ____ 20) 92 − 52 = ____ 21) 82 − 72 = ____

22) 32 − 23 = ____ 23) 97 − 47 = ____ 24) 42 − 20 = ____

25) 46 − 37 = ____ 26) 54 − 43 = ____ 27) 98 − 59 = ____

28) 57 − 2 = ____ 29) 44 − 6 = ____ 30) 52 − 29 = ____

SUBTRACTION PRACTICE

1) 49 – 41 = _____
2) 100 – 11 = _____
3) 56 – 40 = _____

4) 40 – 17 = _____
5) 31 – 13 = _____
6) 43 – 21 = _____

7) 49 – 12 = _____
8) 24 – 20 = _____
9) 57 – 35 = _____

10) 95 – 24 = _____
11) 91 – 1 = _____
12) 15 – 10 = _____

13) 89 – 85 = _____
14) 69 – 29 = _____
15) 81 – 23 = _____

16) 54 – 14 = _____
17) 86 – 61 = _____
18) 75 – 63 = _____

19) 5 – 4 = _____
20) 43 – 17 = _____
21) 61 – 42 = _____

22) 71 – 64 = _____
23) 88 – 24 = _____
24) 86 – 0 = _____

25) 90 – 41 = _____
26) 77 – 71 = _____
27) 97 – 2 = _____

28) 92 – 63 = _____
29) 67 – 48 = _____
30) 34 – 20 = _____

SUBTRACTION PRACTICE

1) 95 − 20 = _____
2) 99 − 32 = _____
3) 68 − 61 = _____
4) 64 − 2 = _____
5) 24 − 22 = _____
6) 81 − 10 = _____
7) 66 − 43 = _____
8) 60 − 19 = _____
9) 94 − 62 = _____
10) 99 − 57 = _____
11) 75 − 63 = _____
12) 99 − 57 = _____
13) 84 − 47 = _____
14) 68 − 38 = _____
15) 88 − 88 = _____
16) 59 − 29 = _____
17) 92 − 14 = _____
18) 92 − 21 = _____
19) 91 − 42 = _____
20) 100 − 27 = _____
21) 88 − 27 = _____
22) 76 − 13 = _____
23) 89 − 53 = _____
24) 74 − 58 = _____
25) 76 − 41 = _____
26) 64 − 47 = _____
27) 79 − 66 = _____
28) 55 − 33 = _____
29) 84 − 15 = _____
30) 22 − 13 = _____

SUBTRACTION PRACTICE

1) 100 − 80 = ____

2) 93 − 31 = ____

3) 82 − 38 = ____

4) 42 − 20 = ____

5) 72 − 45 = ____

6) 47 − 11 = ____

7) 53 − 10 = ____

8) 99 − 81 = ____

9) 65 − 54 = ____

10) 98 − 94 = ____

11) 99 − 95 = ____

12) 87 − 1 = ____

13) 44 − 9 = ____

14) 97 − 74 = ____

15) 35 − 6 = ____

16) 52 − 50 = ____

17) 63 − 40 = ____

18) 90 − 49 = ____

19) 88 − 59 = ____

20) 99 − 69 = ____

21) 56 − 25 = ____

22) 63 − 31 = ____

23) 63 − 36 = ____

24) 40 − 9 = ____

25) 34 − 4 = ____

26) 69 − 46 = ____

27) 4 − 2 = ____

28) 48 − 44 = ____

29) 37 − 30 = ____

30) 99 − 28 = ____

SUBTRACTION PRACTICE

1) 98 – 74 = ____
2) 13 – 12 = ____
3) 76 – 24 = ____

4) 55 – 4 = ____
5) 23 – 19 = ____
6) 71 – 71 = ____

7) 96 – 3 = ____
8) 35 – 31 = ____
9) 91 – 34 = ____

10) 40 – 15 = ____
11) 96 – 60 = ____
12) 93 – 53 = ____

13) 41 – 37 = ____
14) 72 – 13 = ____
15) 74 – 23 = ____

16) 78 – 21 = ____
17) 99 – 44 = ____
18) 82 – 78 = ____

19) 29 – 28 = ____
20) 71 – 60 = ____
21) 54 – 23 = ____

22) 34 – 11 = ____
23) 50 – 8 = ____
24) 86 – 27 = ____

25) 58 – 18 = ____
26) 92 – 7 = ____
27) 56 – 50 = ____

28) 85 – 49 = ____
29) 91 – 2 = ____
30) 76 – 34 = ____

SUBTRACTION PRACTICE

1) 90 − 2 = ____

2) 79 − 16 = ____

3) 93 − 23 = ____

4) 45 − 26 = ____

5) 93 − 25 = ____

6) 97 − 33 = ____

7) 29 − 22 = ____

8) 45 − 8 = ____

9) 89 − 42 = ____

10) 84 − 18 = ____

11) 88 − 2 = ____

12) 100 − 65 = ____

13) 77 − 73 = ____

14) 99 − 97 = ____

15) 59 − 58 = ____

16) 97 − 2 = ____

17) 76 − 58 = ____

18) 66 − 3 = ____

19) 78 − 36 = ____

20) 81 − 70 = ____

21) 79 − 20 = ____

22) 100 − 9 = ____

23) 84 − 3 = ____

24) 87 − 64 = ____

25) 86 − 17 = ____

26) 71 − 42 = ____

27) 97 − 49 = ____

28) 22 − 14 = ____

29) 96 − 80 = ____

30) 65 − 37 = ____

SUBTRACTION PRACTICE

1) 98 − 61 = ____

2) 18 − 12 = ____

3) 14 − 2 = ____

4) 68 − 31 = ____

5) 90 − 53 = ____

6) 74 − 67 = ____

7) 59 − 49 = ____

8) 81 − 24 = ____

9) 84 − 52 = ____

10) 89 − 39 = ____

11) 67 − 42 = ____

12) 81 − 54 = ____

13) 63 − 10 = ____

14) 60 − 54 = ____

15) 30 − 8 = ____

16) 14 − 10 = ____

17) 94 − 6 = ____

18) 30 − 25 = ____

19) 55 − 37 = ____

20) 64 − 25 = ____

21) 94 − 37 = ____

22) 55 − 14 = ____

23) 87 − 56 = ____

24) 55 − 20 = ____

25) 80 − 29 = ____

26) 59 − 12 = ____

27) 94 − 15 = ____

28) 73 − 25 = ____

29) 24 − 21 = ____

30) 63 − 23 = ____

SUBTRACTION PRACTICE

1) 85 − 20 = ____

2) 98 − 74 = ____

3) 72 − 6 = ____

4) 68 − 10 = ____

5) 98 − 88 = ____

6) 34 − 24 = ____

7) 85 − 7 = ____

8) 67 − 44 = ____

9) 62 − 54 = ____

10) 99 − 4 = ____

11) 46 − 28 = ____

12) 29 − 1 = ____

13) 52 − 17 = ____

14) 64 − 26 = ____

15) 56 − 0 = ____

16) 10 − 6 = ____

17) 54 − 14 = ____

18) 33 − 1 = ____

19) 93 − 38 = ____

20) 55 − 9 = ____

21) 77 − 72 = ____

22) 45 − 44 = ____

23) 57 − 56 = ____

24) 88 − 88 = ____

25) 47 − 0 = ____

26) 88 − 57 = ____

27) 75 − 46 = ____

28) 100 − 36 = ____

29) 89 − 25 = ____

30) 66 − 32 = ____

MISSING NUMBER
0 - 50

1) 48 – ____ = 13
2) ____ – 10 = 31
3) 39 – ____ = 14

4) ____ – 1 = 10
5) 33 – ____ = 24
6) 43 – ____ = 4

7) ____ – 27 = 20
8) ____ – 2 = 17
9) ____ – 16 = 34

10) 25 – ____ = 1
11) ____ – 48 = 2
12) 10 – ____ = 10

13) 44 – ____ = 37
14) 21 – ____ = 20
15) ____ – 19 = 23

16) ____ – 9 = 10
17) 43 – ____ = 21
18) ____ – 12 = 30

19) ____ – 40 = 1
20) ____ – 23 = 9
21) 22 – ____ = 20

22) ____ – 35 = 11
23) 44 – 42 = ____
24) 50 – 34 = ____

25) 50 – 36 = ____
26) ____ – 13 = 4
27) ____ – 19 = 30

28) 41 – ____ = 12
29) ____ – 16 = 7
30) 25 – ____ = 20

MISSING NUMBER

1) 21 − ____ = 9   2) ____ − 35 = 10   3) 33 − ____ = 17

4) ____ − 31 = 18   5) ____ − 25 = 13   6) 47 − ____ = 39

7) ____ − 26 = 16   8) 50 − ____ = 38   9) 44 − ____ = 5

10) 49 − ____ = 1   11) 43 − ____ = 5   12) ____ − 8 = 30

13) 16 − ____ = 15   14) ____ − 1 = 1   15) 15 − 9 = ____

16) 45 − 34 = ____   17) 50 − ____ = 32   18) ____ − 19 = 19

19) 27 − 19 = ____   20) 47 − 13 = ____   21) ____ − 2 = 23

22) ____ − 10 = 9   23) ____ − 9 = 36   24) 35 − ____ = 16

25) ____ − 1 = 18   26) ____ − 26 = 11   27) 34 − ____ = 9

28) ____ − 0 = 14   29) 40 − ____ = 8   30) 34 − ____ = 26

MISSING NUMBER

1) ____ − 5 = 8   2) 33 − ____ = 19   3) ____ − 22 = 10

4) 42 − ____ = 16   5) 6 − 4 = ____   6) ____ − 22 = 24

7) 35 − ____ = 10   8) 8 − ____ = 3   9) ____ − 4 = 44

10) ____ − 4 = 27   11) ____ − 8 = 29   12) 24 − ____ = 7

13) 19 − ____ = 1   14) ____ − 1 = 37   15) 36 − 9 = ____

16) ____ − 22 = 7   17) 40 − ____ = 5   18) 35 − ____ = 3

19) 40 − ____ = 12   20) 9 − ____ = 1   21) ____ − 15 = 6

22) ____ − 11 = 36   23) 8 − ____ = 4   24) ____ − 10 = 32

25) ____ − 19 = 4   26) 40 − ____ = 20   27) 38 − ____ = 31

28) ____ − 14 = 3   29) 44 − ____ = 3   30) ____ − 31 = 1

MISSING NUMBER

1) 42 − ____ = 12   2) ____ − 13 = 34   3) ____ − 12 = 12

4) 50 − ____ = 42   5) 45 − ____ = 14   6) 42 − ____ = 28

7) ____ − 23 = 5   8) 24 − ____ = 2   9) ____ − 25 = 11

10) 49 − ____ = 17   11) ____ − 8 = 7   12) 32 − ____ = 20

13) 46 − 3 = ____   14) 29 − 23 = ____   15) 39 − ____ = 3

16) 26 − ____ = 12   17) ____ − 36 = 0   18) ____ − 32 = 4

19) 9 − 5 = ____   20) 43 − 16 = ____   21) 4 − ____ = 3

22) ____ − 3 = 38   23) ____ − 12 = 30   24) ____ − 2 = 35

25) ____ − 25 = 17   26) ____ − 12 = 28   27) ____ − 32 = 3

28) ____ − 25 = 13   29) 18 − 13 = ____   30) 30 − ____ = 9

MISSING NUMBER

1) $39 - \_\_\_ = 35$ 2) $\_\_\_ - 2 = 36$ 3) $35 - \_\_\_ = 26$

4) $31 - \_\_\_ = 23$ 5) $46 - \_\_\_ = 36$ 6) $36 - \_\_\_ = 18$

7) $21 - \_\_\_ = 16$ 8) $\_\_\_ - 29 = 20$ 9) $\_\_\_ - 22 = 15$

10) $21 - \_\_\_ = 17$ 11) $\_\_\_ - 15 = 23$ 12) $44 - \_\_\_ = 20$

13) $42 - \_\_\_ = 33$ 14) $23 - 0 = \_\_\_$ 15) $\_\_\_ - 22 = 0$

16) $9 - \_\_\_ = 6$ 17) $41 - 37 = \_\_\_$ 18) $32 - \_\_\_ = 28$

19) $11 - 8 = \_\_\_$ 20) $31 - \_\_\_ = 22$ 21) $7 - \_\_\_ = 5$

22) $\_\_\_ - 7 = 39$ 23) $37 - \_\_\_ = 16$ 24) $\_\_\_ - 24 = 16$

25) $28 - \_\_\_ = 20$ 26) $\_\_\_ - 39 = 6$ 27) $42 - 35 = \_\_\_$

28) $\_\_\_ - 4 = 13$ 29) $43 - \_\_\_ = 34$ 30) $\_\_\_ - 30 = 8$

MISSING NUMBER

1) 27 − ____ = 10 2) 41 − 7 = ____ 3) 25 − ____ = 18

4) 47 − ____ = 17 5) ____ − 23 = 25 6) ____ − 3 = 31

7) 43 − ____ = 27 8) ____ − 14 = 24 9) ____ − 26 = 9

10) ____ − 27 = 16 11) 45 − 13 = ____ 12) 22 − ____ = 10

13) ____ − 17 = 6 14) 46 − 1 = ____ 15) 42 − ____ = 13

16) ____ − 17 = 28 17) ____ − 17 = 9 18) 18 − ____ = 2

19) 20 − 16 = ____ 20) 47 − ____ = 3 21) 10 − 5 = ____

22) ____ − 41 = 2 23) 40 − ____ = 5 24) 49 − 25 = ____

25) ____ − 5 = 4 26) 24 − ____ = 22 27) ____ − 14 = 13

28) 19 − 18 = ____ 29) 46 − ____ = 9 30) 35 − ____ = 6

MISSING NUMBER

1) ____ − 4 = 23   2) ____ − 6 = 39   3) 43 − ____ = 32

4) ____ − 22 = 4   5) ____ − 37 = 5   6) 36 − 36 = ____

7) 40 − ____ = 13   8) 24 − ____ = 4   9) 47 − ____ = 10

10) 13 − 10 = ____ 11) 43 − 3 = ____   12) 41 − ____ = 1

13) ____ − 22 = 13 14) 35 − ____ = 9   15) 11 − ____ = 0

16) 45 − ____ = 21 17) ____ − 8 = 3   18) ____ − 20 = 1

19) 42 − ____ = 5   20) 47 − ____ = 15 21) 43 − ____ = 42

22) ____ − 17 = 3   23) ____ − 8 = 23   24) 17 − ____ = 14

25) 37 − 24 = ____ 26) ____ − 36 = 13 27) ____ − 21 = 25

28) ____ − 3 = 44   29) 13 − ____ = 12 30) ____ − 6 = 17

MISSING NUMBER

1) 44 − 17 = ____   2) 41 − ____ = 7   3) ____ − 13 = 8

4) 31 − 15 = ____   5) ____ − 7 = 8   6) 45 − ____ = 20

7) ____ − 13 = 28   8) ____ − 1 = 38   9) 27 − 2 = ____

10) 49 − ____ = 29   11) ____ − 23 = 10   12) 20 − 18 = ____

13) ____ − 38 = 1   14) 32 − 32 = ____   15) ____ − 1 = 42

16) 43 − ____ = 26   17) ____ − 19 = 22   18) 45 − ____ = 37

19) 45 − ____ = 28   20) ____ − 15 = 32   21) 5 − ____ = 4

22) ____ − 29 = 16   23) ____ − 30 = 0   24) 29 − ____ = 20

25) ____ − 22 = 18   26) 44 − 26 = ____   27) 30 − ____ = 3

28) ____ − 21 = 27   29) ____ − 6 = 1   30) ____ − 1 = 14

MISSING NUMBER

1) ____ − 6 = 18   2) 46 − 25 = ____   3) ____ − 2 = 9

4) 50 − ____ = 25   5) ____ − 10 = 9   6) 48 − ____ = 11

7) 26 − 8 = ____   8) 10 − 1 = ____   9) ____ − 16 = 10

10) ____ − 33 = 4   11) ____ − 27 = 5   12) ____ − 37 = 1

13) 48 − ____ = 1   14) 41 − ____ = 13   15) ____ − 23 = 6

16) 41 − ____ = 23   17) ____ − 12 = 33   18) 34 − ____ = 10

19) 31 − ____ = 26   20) 47 − ____ = 43   21) 20 − ____ = 14

22) 21 − 2 = ____   23) ____ − 1 = 40   24) 42 − ____ = 25

25) ____ − 38 = 12   26) ____ − 42 = 8   27) 38 − ____ = 2

28) ____ − 30 = 6   29) 43 − 25 = ____   30) 32 − ____ = 10

MISSING NUMBER

1) ____ − 40 = 4   2) 38 − ____ = 7   3) 44 − ____ = 35

4) ____ − 8 = 16   5) 34 − ____ = 21   6) ____ − 18 = 0

7) ____ − 39 = 7   8) ____ − 36 = 9   9) ____ − 26 = 18

10) 42 − ____ = 5   11) ____ − 16 = 18   12) ____ − 20 = 3

13) 30 − ____ = 22   14) ____ − 19 = 19   15) ____ − 31 = 8

16) 48 − 30 = ____   17) 23 − ____ = 18   18) ____ − 9 = 22

19) ____ − 19 = 28   20) 19 − ____ = 12   21) ____ − 25 = 22

22) ____ − 27 = 7   23) ____ − 10 = 2   24) 36 − ____ = 25

25) 35 − ____ = 12   26) ____ − 1 = 19   27) 33 − ____ = 15

28) 13 − ____ = 1   29) 16 − ____ = 4   30) 41 − ____ = 22

MISSING NUMBER
0 - 100

1) 53 – ____ = 39

2) 56 – ____ = 29

3) 92 – 60 = ____

4) 25 – 22 = ____

5) 75 – ____ = 53

6) 71 – 64 = ____

7) ____ – 14 = 10

8) 66 – ____ = 9

9) 9 – 7 = ____

10) 14 – ____ = 14

11) 43 – ____ = 16

12) 42 – ____ = 33

13) ____ – 28 = 34

14) 49 – ____ = 40

15) ____ – 36 = 33

16) 24 – ____ = 20

17) 68 – ____ = 43

18) 97 – ____ = 58

19) ____ – 7 = 50

20) 11 – 2 = ____

21) 91 – ____ = 73

22) 88 – 21 = ____

23) 64 – ____ = 0

24) ____ – 8 = 9

25) ____ – 21 = 32

26) 90 – 76 = ____

27) 69 – ____ = 45

28) ____ – 60 = 31

29) 64 – ____ = 61

30) 99 – ____ = 32

MISSING NUMBER

1) ____ − 38 = 59   2) ____ − 65 = 7   3) ____ − 63 = 9

4) 91 − 82 = ____   5) 67 − 50 = ____   6) ____ − 16 = 73

7) ____ − 2 = 84   8) ____ − 62 = 36   9) 60 − ____ = 32

10) 34 − ____ = 29   11) 42 − ____ = 34   12) 53 − ____ = 25

13) ____ − 32 = 18   14) 32 − ____ = 16   15) 71 − ____ = 15

16) ____ − 13 = 35   17) ____ − 8 = 61   18) ____ − 64 = 19

19) ____ − 61 = 30   20) 78 − ____ = 37   21) 72 − 9 = ____

22) ____ − 46 = 13   23) ____ − 24 = 48   24) 96 − ____ = 17

25) 55 − ____ = 32   26) ____ − 24 = 75   27) 75 − 14 = ____

28) 94 − ____ = 56   29) ____ − 54 = 17   30) 38 − ____ = 36

MISSING NUMBER

1) ____ − 90 = 9 2) 55 − ____ = 4 3) 69 − ____ = 9

4) 77 − 46 = ____ 5) ____ − 6 = 25 6) 56 − 51 = ____

7) ____ − 81 = 2 8) 57 − ____ = 36 9) 39 − 30 = ____

10) ____ − 40 = 31 11) ____ − 5 = 44 12) ____ − 44 = 17

13) 48 − ____ = 31 14) 55 − 15 = ____ 15) 96 − ____ = 64

16) ____ − 69 = 23 17) 74 − ____ = 21 18) 95 − 3 = ____

19) ____ − 6 = 43 20) 65 − ____ = 58 21) ____ − 69 = 15

22) 6 − 2 = ____ 23) 90 − ____ = 20 24) 29 − 8 = ____

25) ____ − 6 = 70 26) ____ − 62 = 11 27) ____ − 31 = 40

28) 57 − 42 = ____ 29) ____ − 11 = 75 30) ____ − 9 = 34

MISSING NUMBER

1) ____ − 30 = 65   2) 68 − ____ = 61   3) 100 − ____ = 49

4) 14 − ____ = 10   5) ____ − 74 = 18   6) 33 − ____ = 16

7) 67 − 35 = ____   8) 89 − ____ = 32   9) 95 − 21 = ____

10) 100 − ____ = 80   11) 40 − ____ = 19   12) 14 − ____ = 10

13) ____ − 62 = 38   14) ____ − 11 = 25   15) 61 − 58 = ____

16) ____ − 39 = 15   17) 31 − ____ = 18   18) ____ − 37 = 40

19) ____ − 32 = 7   20) ____ − 63 = 28   21) ____ − 44 = 7

22) 84 − ____ = 75   23) ____ − 29 = 34   24) 63 − ____ = 1

25) ____ − 24 = 61   26) ____ − 39 = 58   27) ____ − 36 = 16

28) ____ − 78 = 15   29) ____ − 2 = 79   30) 81 − 15 = ____

MISSING NUMBER

1) ____ − 7 = 7   2) ____ − 80 = 4   3) 20 − 11 = ____

4) 79 − 28 = ____   5) 22 − ____ = 20   6) 73 − ____ = 67

7) ____ − 2 = 81   8) ____ − 82 = 12   9) ____ − 13 = 66

10) ____ − 13 = 68   11) 44 − ____ = 23   12) ____ − 36 = 17

13) 16 − ____ = 7   14) 41 − ____ = 17   15) 86 − 27 = ____

16) 86 − 13 = ____   17) ____ − 13 = 85   18) ____ − 72 = 22

19) 90 − ____ = 30   20) ____ − 11 = 80   21) 65 − ____ = 27

22) ____ − 42 = 57   23) 76 − ____ = 5   24) ____ − 55 = 39

25) 94 − 83 = ____   26) ____ − 27 = 72   27) 97 − 20 = ____

28) 76 − 73 = ____   29) 79 − 2 = ____   30) 90 − ____ = 26

MISSING NUMBER

1) ____ − 29 = 29 2) 61 − 50 = ____ 3) 61 − 49 = ____

4) 78 − 78 = ____ 5) 75 − ____ = 8 6) 57 − 56 = ____

7) 82 − ____ = 20 8) ____ − 14 = 48 9) ____ − 23 = 76

10) ____ − 10 = 58 11) 79 − 70 = ____ 12) ____ − 4 = 32

13) 58 − ____ = 23 14) ____ − 14 = 38 15) ____ − 26 = 44

16) 63 − ____ = 36 17) 97 − 90 = ____ 18) ____ − 69 = 21

19) ____ − 55 = 5 20) 85 − ____ = 33 21) 66 − 21 = ____

22) 92 − ____ = 14 23) 44 − ____ = 34 24) ____ − 26 = 14

25) 84 − ____ = 25 26) 73 − ____ = 38 27) 49 − ____ = 32

28) ____ − 1 = 52 29) ____ − 32 = 34 30) 100 − 32 = ____

MISSING NUMBER

1) 23 − ____ = 20

2) ____ − 65 = 6

3) ____ − 5 = 22

4) 40 − 9 = ____

5) ____ − 5 = 81

6) 48 − ____ = 12

7) 49 − ____ = 4

8) 95 − ____ = 36

9) 17 − ____ = 15

10) 87 − ____ = 19

11) 65 − 55 = ____

12) ____ − 43 = 44

13) 92 − ____ = 58

14) ____ − 41 = 24

15) ____ − 46 = 41

16) ____ − 21 = 26

17) 84 − ____ = 22

18) ____ − 32 = 18

19) 81 − ____ = 0

20) ____ − 28 = 3

21) 83 − 77 = ____

22) 95 − ____ = 22

23) ____ − 31 = 9

24) ____ − 52 = 32

25) ____ − 16 = 38

26) 79 − ____ = 17

27) 60 − ____ = 39

28) ____ − 11 = 57

29) 100 − 42 = ____

30) 94 − ____ = 93

MISSING NUMBER

1) 95 – ____ = 76

2) ____ – 53 = 22

3) 31 – 27 = ____

4) ____ – 7 = 62

5) ____ – 20 = 38

6) 96 – ____ = 93

7) ____ – 46 = 1

8) 49 – 47 = ____

9) 53 – ____ = 48

10) 68 – ____ = 64

11) 44 – ____ = 19

12) 54 – ____ = 51

13) 52 – ____ = 22

14) ____ – 36 = 21

15) ____ – 9 = 75

16) 44 – ____ = 11

17) 55 – 48 = ____

18) 23 – 0 = ____

19) ____ – 36 = 7

20) ____ – 20 = 45

21) ____ – 48 = 1

22) 36 – 24 = ____

23) 55 – 38 = ____

24) 93 – 19 = ____

25) 73 – ____ = 1

26) ____ – 20 = 45

27) ____ – 1 = 24

28) 90 – ____ = 41

29) ____ – 3 = 87

30) ____ – 3 = 31

MISSING NUMBER

1) ____ − 20 = 53   2) 80 − ____ = 33   3) 85 − 57 = ____

4) ____ − 8 = 62   5) ____ − 30 = 59   6) 87 − 3 = ____

7) 66 − ____ = 9   8) ____ − 56 = 19   9) ____ − 17 = 50

10) 87 − 27 = ____   11) 99 − ____ = 55   12) ____ − 2 = 86

13) 36 − ____ = 2   14) ____ − 31 = 29   15) ____ − 16 = 53

16) 96 − ____ = 56   17) 89 − ____ = 78   18) ____ − 17 = 33

19) 57 − ____ = 24   20) 69 − ____ = 48   21) ____ − 3 = 62

22) 70 − ____ = 44   23) ____ − 10 = 13   24) 56 − 54 = ____

25) 90 − 43 = ____   26) 20 − ____ = 17   27) 82 − ____ = 50

28) ____ − 9 = 59   29) 76 − ____ = 52   30) 60 − 45 = ____

MISSING NUMBER

1) ____ − 2 = 81

2) ____ − 69 = 13

3) ____ − 46 = 19

4) ____ − 20 = 76

5) 87 − ____ = 86

6) 89 − 55 = ____

7) 94 − ____ = 88

8) ____ − 58 = 32

9) 91 − ____ = 52

10) 59 − 9 = ____

11) ____ − 58 = 42

12) ____ − 21 = 52

13) ____ − 29 = 23

14) ____ − 72 = 14

15) 87 − 78 = ____

16) 73 − 17 = ____

17) ____ − 7 = 53

18) 60 − 59 = ____

19) 96 − ____ = 80

20) 53 − ____ = 3

21) ____ − 2 = 8

22) 74 − ____ = 41

23) ____ − 6 = 39

24) 98 − ____ = 14

25) 94 − ____ = 87

26) 95 − ____ = 7

27) 37 − 36 = ____

28) ____ − 85 = 6

29) 73 − ____ = 72

30) 87 − ____ = 5

www.ingramcontent.com/pod-product-compliance
Lightning Source LLC
Chambersburg PA
CBHW081354080526
44588CB00016B/2497